par M. d'Herbigny

Voy. Barbier
n° 23,382.

LETTRE
AU
PRINCE LÉOPOLD.

Propriété de l'Éditeur.

Se trouve aussi à PARIS, chez les Libraires :

Ladvocat, quai Voltaire, et Palais-Royal.
Letellier, rue Traversière-St-Honoré, N°. 25.

LILLE. — IMPRIMERIE DE BRONNER-BAUWENS.

LETTRE
AU
PRINCE LEOPOLD
DE
SAXE-COBOURG.

Par l'Auteur de la *Revue de l'Europe*, en 1825, des *Destinées futures de l'Europe*, du *Traité politique de l'Éducation publique*.

LILLE,
BRONNER-BAUWENS, ÉDITEUR.

1831.

OBSERVATION.

Cette Lettre au Prince Léopold devait paraître à Paris dans le mois de Juin, et lorsque ce Prince était encore à Londres. Des obstacles, nés des circonstances politiques, en ont suspendu la publication; mais les grands intérêts qui en font la matière, *bien loin d'avoir perdu de leur importance, en ont acquis une nouvelle, par les derniers événemens qui rendent cette lettre plus applicable encore à l'état présent des affaires générales, et à l'intérêt même du Prince à qui elle est adressée.*

L'Auteur.

Septembre 1831.

LETTRE

AU PRINCE

LÉOPOLD DE SAXE-COBOURG.

> Alii nomen regis, alii imperium tenent.
> (*Justinus.*)

PRINCE,

Le congrès de Bruxelles, pour sortir d'un abîme, vous a décerné la couronne de Belgique. Sans rechercher si vous devez être bien flatté d'un présent colporté de cour en cour, plusieurs fois proposé, et déjà offert et refusé, vous avez plus spécialement à considérer la valeur de ce présent et toutes les conséquences de son acceptation.

Prince, votre refus ou votre consentement doit émaner de vos méditations les plus graves sur les avantages ou les dangers de cette royauté, improvisée par le désespoir et conçue dans le chaos. Avant de vous placer sur ce trône orageux, vous avez, Prince, à examiner sur quelle base il repose; ce qu'il a de fort ou de fragile; quelles mains l'ont élevé; quelles mains le soutiendront; si vous êtes appelé par le désir ou par la nécessité; si vous êtes l'élu d'un peuple ou le produit d'un événement; si vous avez la force des cœurs ou celle des circonstances.

Mais pour mieux préciser les sujets de vos méditations, nous invoquons votre sévère examen sur les considérations suivantes, et laissons à votre sagesse à juger : Si vous pouvez en effet régner avec la Constitution de ce pays; si votre couronne peut être indépendante; si vous avez la force de comprimer toutes les factions et de concilier tant de partis inconciliables ; si vous pouvez acquérir en ce pays une force morale sans laquelle il n'y a point de royauté possible ; et enfin, pour entrer dans une considération morale supérieure aux combinaisons politiques, s'il vous paraît juste d'occuper la place d'un Roi qui honore la royauté : qu'aucun Roi ne surpasse en vertus politiques, et qui, s'il est, comme Henri IV, victime de l'injustice de ses contemporains, ne peut manquer de recueillir, comme lui, les hommages et les respects de la postérité.

Ce sont les graves considérations que nous allons examiner devant vous, avec cette sagesse et cette impartialité qu'exige une délibération si imposante.

Mais d'abord, Prince, qu'est-ce que la Belgique dans l'état où l'on vous l'offre? La Belgique, lorsqu'elle était une avec la Hollande, avait une importance politique qu'elle a perdue et qu'elle ne peut plus retrouver.

Elle était alors puissance continentale et puissance maritime ; elle avait des armées de terre et de mer, des colonies puissantes, un commerce qui s'étendait aux extrêmités du monde; son nom alors était grand et son poids l'était aussi dans la balance européenne.

Mais aujourd'hui que la Belgique est réduite à elle seule, qu'elle s'est repliée dans ses étroites limites, qu'elle est descendue volontairement du rang qu'elle occupait dans la hiérarchie des empires, et que, de l'état politique supérieur où elle était montée, elle a voulu retomber dans son état de grande province, quelle considération élevée un Roi peut-il acquérir dans un royaume qui a renoncé à sa prépondérance politique?

Mais, Prince, en admettant que vous consentiez à porter cette couronne si fragile, et à prêter votre importance personnelle à un peuple qui n'a pas su garder la sienne, comment prétendrez-vous gouverner avec la

Constitution de ce pays? Votre Altesse Royale l'a méditée sans doute. Vous semble-t-il, Prince, que ses élémens monarchiques peuvent s'allier avec les élémens démocratiques de cette Constitution ; et que la force légale de la royauté belge pourra se défendre contre la puissance populaire et la puissance religieuse qui sont établies à côté d'elle et contre elle ?

Ici, Prince, nous appelons votre profonde attention sur trois points fondamentaux dont chacun séparément renferme en lui seul assez d'élémens destructeurs pour renverser le pouvoir le plus décidé à se maintenir. Les voici en substance : *Le clergé en dehors de l'autorité civile ; la liberté indéfinie des associations, et l'élection du Sénat par le peuple.*

Qu'oserez-vous, Prince, contre un clergé catholique tout-puissant, qui sait tout oser, qui a mis ses droits à part, et à l'abri de l'action du gouvernement; et qui va s'emparer exclusivement de l'éducation publique, en vertu de la liberté de l'enseignement? Que deviendra votre autorité dans un pays où l'autel est plus haut que le trône, et où le prêtre peut commander au Roi?

Que pourrez-vous, Prince, contre les séditieux qui tiennent de la loi le droit indéfini de former contre vous des associations redoutables, et telles que vous en avez l'exemple dans celle qui comprime en ce moment à Bruxelles l'opinion publique et le gouvernement lui-même? Que sera votre pouvoir conservateur contre ce pouvoir destructeur toujours prêt à vous combattre, et toujours vous menaçant de votre ruine?

Que serez-vous, Prince, devant une Chambre de représentans chargés d'accroître le pouvoir démocratique et les droits de ceux qui l'ont élue, et qui ne sera point pondérée par un Sénat qui, étant de même nature, ne peut apporter, dans son essence populaire, aucun élément favorable aux prérogatives de la royauté? Vous aurez donc à vous défendre contre l'influence et la puissance de deux Chambres populaires. Votre pouvoir isolé se brisera infailliblement contre ces deux pouvoirs unis et bientôt conjurés, qui ne formeront qu'une seule et même Chambre, divisée en deux sections.

Sans nous arrêter, Prince, à tous les vices d'une Constitution qui ne contient que des entraves à votre administration, qu'il nous suffise de vous montrer, dans ces trois bases principales, les conséquences menaçantes que tous les efforts de votre prudence ne pourront détourner, et dont le développement suivra de près le premier exercice de votre autorité.

Vous ne pouvez éloigner vos regards de ces dangers, sans les porter sur d'autres. Vous appartenez, Prince, à l'Église réformée, et vous vous livrez à une Église romaine. Après l'exemple du Roi Guillaume, une telle confiance est certainement aveugle ou imprudente. Vous a-t-on laissé ignorer que vous arrivez odieux aux prêtres de cette Église ? De quelques brillantes qualités dont vous soyez doué, votre culte les efface. L'Église romaine ne reconnaît point de vertus hors de son sein. Elle préfère les plus mauvais Rois catholiques aux plus vertueux Rois qui ne le seraient pas. Les deux meilleurs Rois des temps modernes : Henri IV et le Roi Guillaume, dont on vous offre la dépouille, ont été les victimes de ce fanatisme impitoyable ; et tous deux cependant avaient protégé, honoré et enrichi les prêtres de cette Église ! Mais la bienveillance ne touche point les cœurs fanatisés. Si vous devez les combler des mêmes bienfaits, ils vous attendent avec la même reconnaissance.

Vous seriez-vous flatté, Prince, d'échapper aux inflexibles décrets de l'Église romaine ? Serez-vous plus habile et meilleur que Henri IV et le Roi Guillaume ? Ils n'ont point obtenu le pardon de leur religion ; vous êtes déjà tombé dans leur condamnation. Elle a été prononcée du haut de la chaire et de la tribune. Déjà les prêtres ont prédit et juré la fin de votre règne, et votre règne n'est pas commencé.

Pour résister à la puissance théocratique qui déjà vous outrage et vous menace, il vous faudrait une force morale supérieure que vous ne pouvez apporter d'Angleterre, et que vous ne trouverez point en Belgique. Il n'y a dans ce pays aucune force d'opinion pour aucun prince de l'Europe ; la seule qui y existe, est acquise au Roi des Pays-Bas ; c'est le prix mérité de la royauté la plus libérale et la plus généreuse qui ait été exercée dans le monde politique.

Comment vous serait-il possible, Prince, d'acquérir une force morale dans un pays où le parti démagogique est contre vous, où le parti catholique se précipite déjà sur vous, et où le parti des Nassau, le plus considérable de tous, ne peut jamais être à vous? Vous vous verrez donc isolé au milieu de ce pays ennemi et divisé; n'ayant d'autre appui, près de vous, que la faction qui vous y aura appelé; et, loin de vous, la politique de France et d'Angleterre qui vous y aura condamné; politique funeste qui, vous livrant aux murmures des Belges, va devenir elle-même un sujet de murmure universel.

Gardez-vous, Prince, de compter sur l'appui durable de la France. Ne fondez rien sur sa protection passagère. Une longue alliance avec l'Angleterre n'est pas dans la nature des choses. L'intérêt, plus habile que l'esprit politique, dissoudra bientôt cette union suspecte qui n'est garantie par aucune nécessité. Le gouvernement de France, bien loin de pouvoir vous défendre, aura peine à se défendre lui-même, de la grave accusation d'avoir fait, de la Belgique, une province d'Angleterre. Croyez que l'opinion de la France ne sanctionnera jamais cet étrange traité, et ne croyez pas, surtout, qu'elle le subisse long-temps.

Ce n'est pas seulement de la France que sortiront les plaintes et les murmures, c'est du sein même de cette Belgique ombrageuse qui reprochait à son Roi de ne point secouer assez vîte le joug de l'Angleterre, et qui supportait impatiemment que ses généraux vinssent en maîtres surveiller ses forteresses. Que dira-t-elle aujourd'hui que ses cités et ses remparts sont livrés à un Vice-Roi de l'Angleterre, et que son florissant commerce est tombé dans les mains de ses ennemis? Car, Prince, la Belgique ne s'égare point sur ses vrais intérêts. Elle sait que votre présence ne peut lui apporter aucun élément de prospérité, et que bien loin d'ajouter à ceux qu'elle possède, votre règne n'est propre qu'à les neutraliser. Elle n'ignore pas que son commerce, autrefois si prospère, va se trouver réduit au seul commerce de transit, et qu'elle n'est plus destinée qu'à colporter, où elle le pourra, les produits et les richesses de l'Angleterre.

Nous n'accuserons point le gouvernement de France. Nons ne lui imputons que de l'erreur. Il prend conseil de ses dangers ; mais la crainte l'inspire mal et l'égare sur ses moyens de conservation. Il ne voit pas que la révolution belge a mis en péril ses destinées naissantes ; nous devons croire, que s'il eût mieux connu le caractère et les auteurs de cette révolution, il eût dédaigné d'avoir le moindre contact avec elle et avec eux ; et c'est ici, Prince, que nous placerons sous vos yeux le tableau rapide des deux révolutions de France et de Belgique, afin que vous sachiez à quel événement vous donnez votre sanction.

Pour le malheur de l'humanité, il y a des

temps d'erreur universelle. C'est dans cet égarement qu'est tombé le jugement des hommes sur les désordres de la Belgique. Les révolutions politiques, comme toutes les affaires humaines, ont une cause juste ou injuste. Elles sont justifiées par les crimes des gouvernemens ; elles sont un crime à leur tour, quand elles n'ont pour cause que l'esprit de sédition.

Tels sont les deux caractères des révolutions de France et de Belgique. Ainsi, le Roi de France, ayant déchiré de ses mains le pacte fondamental consenti entre le peuple et lui, sa chute fut justifiée par la violation du contrat social; mais le Roi des Pays-Bas, le plus sévère observateur des lois, n'ayant jamais porté atteinte au pacte fondamental juré entre son peuple et lui, la justice voulait que le châtiment retombât sur les audacieux qui l'ont détruit; et cependant ces mêmes violateurs ont obtenu des honneurs et de l'appui où ils ne devaient trouver que mépris et réprobation.

On a dit que le congrès de Londres s'était constitué en haut tribunal de paix pour juger les affaires des Belges et de leur Roi. Si le congrès de Londres est un haut tribunal, comment cette sagesse suprême a-t-elle porté sentence contre un Roi qui n'a jamais violé la loi de l'Etat, et prononcé en faveur des factieux qui l'ont renversée? Et c'est ce même Roi qui s'est soumis en silence et avec dignité aux décisions de ce grand conseil; et ce sont ces mêmes Belges qui les ont insolemment repoussées, et qui n'y ont répondu que par l'insulte et la menace! Quel esprit a donc soufflé sur cette Chambre souveraine? Est-ce que les Rois ne sont pas rangés sous la loi de justice comme les autres hommes? Quel est ce haut tribunal qui frappe le juste et protège le coupable? Haut tribunal sans doute, mais non tribunal équitable.

L'abandon des principes de justice est fatal aux gouvernemens, comme aux hommes privés : il a porté des fruits amers. C'est ce même abandon qui cause en ce moment tous les désordres de l'Europe, et nul ne peut prévoir les dernières conséquences de cette première iniquité. La politique a trop de dédain pour la morale ; mais ce dédain souvent porte son châtiment. L'iniquité de la guerre d'Espagne par Napoléon a été le premier coup porté à sa puissance et à sa renommée ; elle a été le commencement de ses revers et le premier élément de sa chute. L'iniquité du partage de la Pologne, après 60 années, soulève encore l'indignation des peuples, et met en péril les gouvernemens qui l'ont commise. L'histoire offre partout des exemples éclatans de politique punie et de morale vengée.

La justice et la politique commandaient que la révolution de France fit divorce avec la révolution belge. Dissemblables dans leur cause et dans leur but, bien loin d'avoir de l'affinité entre elles, elles se repoussaient par leurs principes et leur caractère. La révolution de Belgique est une de ces révolutions comme on en faisait, en ce pays, dans le quinzième siècle, avec de la lie populaire et du fanatisme catholique. La révolution de France a entaché son premier caractère en s'associant à la révolution belge et en la traitant de sœur. Il est d'ailleurs imprudent de consacrer tout principe de révolte. L'État qui commettrait cette faute périrait par son principe.

En France, une conjuration catholique avait rendu la royauté complice de ses criminelles entreprises contre les libertés nationales. En Belgique, une faction ultramontaine conspirait contre une royauté libérale. Les prêtres ont été vaincus en France et vainqueurs en Belgique; et la France, qui a applaudi chez elle à la défaite du fanatisme, a applaudi à son triomphe chez ce peuple mal civilisé; bien plus, la France après sa victoire sur sa faction catholique, a légitimé la victoire de la faction catholique belge; ainsi la philosophie française est venue au secours du fanatisme belge, et a fait alliance avec lui.

Mais la faction catholique de France n'est pas non plus sans succès et sans gloire. Depuis long-temps elle était liguée avec celle de Belgique contre les gouvernemens constitutionnels des deux pays; si elle a succombé en France, elle a sa part de triomphe dans la victoire que la faction belge a remportée sur son gouvernement libéral.

Cependant la révolution de France a fait cause commune avec la révolution de Belgique, et l'une se croit défendue par l'autre. Elles espèrent trouver leur force et leur durée dans leur garantie réciproque. Profitant de cette erreur, la faction catholique, victorieuse en Belgique, continue sa ligue avec sa complice vaincue en France; et toutes deux travaillent avec la même ardeur à la ruine de son gouvernement.

C'est au milieu de ces trames, et en attendant le jour du péril, que la révolution française resserre les liens de sa prétendue parenté avec la révolution belge ! Union aveugle et déplorable ! Alliance monstrueuse dont on a vu sortir les nouveaux malheurs de l'Europe, la discorde entre les empires, l'inimitié entre les Rois, la rupture des liens et des traités, la confusion dans la morale et la politique, la cessation des travaux industriels, le désordre et la ruine des affaires commerciales ; et dont sortira, tôt ou tard, une guerre dont le terme et les conséquences sont dans le secret de la Providence ; mais qui certainement ébranlera le monde, et déplacera les bases des sociétés humaines.

Tels sont, Prince, les fruits et les suites d'une grande injustice. Si le congrès de Londres, institué en haut tribunal, avait déclaré coupables les perturbateurs de Belgique, et rendu justice à leur Roi, il étouffait d'un geste la révolte de Bruxelles, et la révolte n'était que là ; il fermait l'abîme que sa sentence a élargi ; il limitait l'essor de la révolution de France et préservait l'Europe de toutes celles qu'elle a enfantées ; et quelles actions de grace lui aurait rendues le monde entier, d'avoir su prévenir ou rompre le cours de tant de calamités, qu'il n'est plus au pouvoir de ces juges suprêmes d'arrêter ou d'affaiblir ; et qui menacent de retomber sur eux-mêmes, comme châtiment d'une injustice !

C'est à vous maintenant, Prince, à juger de quel principe est née la royauté qu'on vous défère. Vous avez aussi à prévoir les circonstances futures où ce même principe vous sera reproché. Gardez-vous de vous fier à la foi révolutionnaire ! Les révolutions changent d'idoles ; il est dans leur nature de briser leur propre ouvrage. Voyez, Prince, de quelles mains vous sortez ; déjà, vous avez observé cet accueil de glace et humiliant qui a été fait à votre appel à la couronne. Quel avertissement ! mais surtout quel présage ! La nation belge a été morne et silencieuse. Vous n'avez entendu que le cri des factieux. Cette attitude vous a révélé les ressorts de la révolution belge. Trente conjurés se sont emparés de l'État, le remplissent de leur bruit, et le subjuguent avec de la populace et des soldats indisciplinés. Tout homme honorable s'est mis en dehors de cette révolution ; tous ceux que l'honneur, la fortune et l'éducation placent dans les rangs civilisés de la société, l'ont flétrie de leur indignation. A peine quelques mécontens de l'aristocratie, blessés de leur peu d'importance sous un gouvernement libéral, se sont associés à cette honteuse révolte, où s'est perdu le reste de leur considération.

Voilà, Prince, la révolution belge tout entière : préparée par le fanatisme, entreprise par la démagogie; voilà le grand peuple qui vous appelle, et ces héros des places publiques qui vous attendent à leur Capitole ! Sont-ce là des honneurs dignes d'un Prince tel que vous ?

Vous avez sans doute une idée imparfaite du pays où la France et l'Angleterre vous envoient. Il faut vous faire connaître son caractère moral et politique. Nous mettrons hors de ce tableau la portion élevée de la nation belge, qui renferme un grand nombre d'hommes remarquables par leur savoir, par leur mérite, par la noblesse et l'élégance de leurs mœurs, et qui ne le cèdent en rien aux hommes les plus distingués de la France et de l'Angleterre; mais, à part ces élus de la civilisation, le vulgaire des Belges est un peuple inculte, ignorant, et fanatique; et c'est à cette masse agreste qu'il faut, surtout, complaire et dans laquelle il faut savoir se fondre.

Faites-vous lire, Prince, les tristes annales des Belges : ils ont un caractère historique qui n'a presque point subi d'altération ; leur type originel s'est conservé, ils sont à-peu-près ce qu'ils furent. Si vous les suivez dans le désordre de leur histoire, vous remarquerez que le fait le mieux éclairci, est qu'ils ont toujours été semblables à eux-mêmes, et que les ancêtres et les descendans font une race uniforme. L'histoire les présente dès leur origine comme inconciliables avec les autres peuples, et chez eux-mêmes indisciplinables. Inquiets, toujours mécontens, en défiance de tous les hommes, s'estimant, comme les anciens Juifs, au-dessus de tous les peuples ; et en rébellion héréditaire contre l'autorité qui les gouverne, soit qu'elle émane d'eux ou d'ailleurs. Tel est le vulgaire des Belges.

Mais, outre ce caractère général qui les sépare des autres peuples, ils en ont un particulier qui les sépare entre eux, car il n'y a pas de peuple où il y ait moins d'esprit national. De temps immémorial, ils ont été désunis, et la moindre occasion fait jaillir le germe conservé de leurs divisions intestines.

Vous allez donc régner, Prince, sur un peuple qui n'a point de patrie, et dans un pays où chaque ville a ses intérêts à part et un drapeau différent. Vous allez gouverner un peuple dont l'intelligence politique n'a jamais pu s'élever au-delà du régime municipal ; qui n'a pas encore conçu un ordre social supérieur à cet ordre communal ; dont le patriotisme partiel et dissemblable est renfermé dans les murs de chaque cité. C'est vainement, Prince, que vous voudrez établir chez ce peuple un ensemble harmonique. Vous trouverez partout les préjugés et les mœurs plus forts que les lois. Vous ne parviendrez jamais à faire de la Belgique un pays national. Cela ne serait possible que par l'éducation publique ; mais la liberté absolue de l'enseignement vous ravit cet unique moyen de faire une nation des Belges. Ils resteront ce qu'ils sont et n'auront jamais la large physionomie d'une nation une et compacte. Ils semblent être des fragmens de peuples, ayant des inclinations allemandes ou françaises, anglaises ou hollandaises; et c'est pourquoi vous les avez vus s'offrir à divers peuples, et aller à la quête des Rois, sans aucun calcul des conséquences politiques. La passion du moment les emporte et les dirige. Leur haine est mobile comme leur amour. Ils avaient un Roi qu'ils ont eux-mêmes proposé pour modèle à tous les Rois de l'Europe, et ils l'ont rejeté; ils ont fait une révolution pour se séparer du peuple hollandais, et maintenant ils désirent son alliance, où leur intérêt les ramène; ils ont en juste défiance l'Angleterre, si fatale à leur industrie, et ils se jettent dans ses bras ; ils ont les Français en haine et en jalousie, et ils leur ont demandé un Roi ; ils ont recherché un prince de la maison de Napoléon, après avoir trahi et combattu Napoléon à Waterloo....... Quel fondement faire sur un tel peuple ?....

Mais laissons ce vulgaire et ceux qui s'y confondent, et rendons hommage et justice à la partie civilisée de ce pays, qui va d'égale avec les classes les plus éclairées de la France et de l'Angleterre ; mais, Prince, cette classe civilisée des Belges est précisément celle qui est demeurée la plus fidèle au Roi des Pays-Bas, parce qu'elle seule est juge du mérite de la royauté qu'elle a perdue. Ce fait est de grande conséquence, car ce sont les classes civilisées qui forment l'opinion d'un pays, donnent le rang aux nations, et constituent l'état social.

Mais, direz-vous, Prince, ou dira-t-on pour vous : *Le congrès de Bruxelles a décrété l'exclusion des Nassau du trône de la Belgique!* Est-ce de bonne foi que vous auriez pris ce décret pour une loi nationale? et ce congrès même, avait-il reçu le pouvoir de prononcer cette exclusion? Nous vous répondrons :

Les États de Blois qui valaient bien le congrès de Bruxelles, avaient décrété la déchéance de Henri IV. Les États de Blois n'étaient pas plus la nation française, que le congrès de Bruxelles n'est la nation belge *. Ses décrets furent déchirés. Le vœu public de la France éclairée rappela Henri IV. Laissez éclater le vœu public de la Belgique, et

---

* Nous ne voulons point porter atteinte à la considération personnelle des membres du congrès : nous savons combien d'entr'eux sont dignes d'estime ; ils ont délibéré sous le poignard et n'ont pu manifester leurs sentimens honorables.

vous verrez si c'est la nation belge qui a exclu son Roi. Ce Roi, vous le savez, est né de la race libérale de ces Princes qui ont doté l'Europe des libertés dont elle jouit, et ce digne héritier de leurs vertus politiques a augmenté les dons de ses ancêtres. Est-ce par reconnaissance que les gouvernemens libéraux de France et d'Angleterre sacrifient les généreux auteurs de tous les bienfaits politiques qui ont été transmis d'une nation à l'autre, et qui découlent de la même source? Est-ce ainsi que le gouvernement de France, en particulier, reconnait la protection magnanime dont le Roi des Pays-Bas a honoré les proscrits et les exilés de France? Quelle leçon pour les Rois généreux!

En vous donnant à la Belgique, Prince, on vous promet à l'Europe comme un gage de la paix; mais une paix d'un jour n'est point la paix. Le monde politique n'a point encore vu qu'un trône contesté fût un gage dè la paix. L'expérience de l'histoire, au contraire, nous enseigne qu'un trône contesté est un germe de guerre. Mais vous serez là plus certainement comme un témoignage de la puissance de l'Angleterre et de l'égarement de la France ; vous serez là pour attester la suprématie insulaire, pour proclamer que le génie de l'Angleterre plane sur l'Europe et que celui de la France a perdu son vol d'aigle.

Vous n'apporterez point sans doute en Belgique ces idées d'indépendance nationale, ce rêve des Belges modernes, et cette étrange erreur de la conférence de Londres. La position géographique de la Belgique la voue à une dépendance éternelle. Le seul temps de son indépendance fut sous le Roi Guillaume. Réduite à elle seule, elle n'a plus qu'à choisir entre les maîtres qui l'environnent; tout ce qu'elle pourra obtenir de leur générosité, c'est un simulacre d'indépendance; elle pourra être libre de nom, mais sera esclave de fait, comme vous-même, Prince, vous serez, en nom, le Roi des Belges, et, en fait, le Lieutenant-général de l'Angleterre. Souffrirez-vous, Prince, que l'on dise de vous et de votre royauté : *Princeps sine principatu, imperium sine re?*

Au milieu des circonstances orageuses où vous êtes appelé au trône de la Belgique, à la vue des difficultés sans nombre que vous aurez à surmonter, et des dangers même où vous livre une politique imprévoyante, une crainte générale s'est manifestée dans l'Europe pour vous et votre règne. Votre longue hésitation semble même être un pressentiment de ce que le sentiment public redoute pour vous. Suivez, Prince, ce pressentiment prophétique, écoutez cette voix de présage qui vous avertit et veut vous arrêter ; et, de quelque bonheur que l'on vous ait flatté, quelque grandeur que l'on vous ait promise, croyez, Prince, que vous ne serez jamais ni plus grand, ni plus sage qu'en rejetant un trône dangereux et incertain, où vous ne devez trouver ni le bonheur ni la gloire.